LA
PREMIÈRE LEÇON

GUIDE DE LA MÈRE DE FAMILLE

ILLUSTRÉE DE VINGT ET UNE PLANCHES

DESSINÉES PAR A. LANÇON

PARIS
LIBRAIRIE FRANÇAISE ET ÉTRANGÈRE
25, RUE ROYALE SAINT-HONORÉ

LA
PREMIÈRE LEÇON

GUIDE DE LA MÈRE DE FAMILLE

ILLUSTRÉE

DE VINGT ET UNE

PLANCHES

DESSINÉES

PAR

A. LANÇON

PARIS
LIBRAIRIE FRANÇAISE ET ÉTRANGÈRE
25, RUE ROYALE SAINT-HONORÉ
1866

STRASBOURG, IMPRIMERIE DE VEUVE BERGER-LEVRAULT.

Lettres majuscules.

A B C D E F
G H I J K L
M N O P Q R S
T U V W X Y Z

Lettres minuscules.

a b c d e f g h i j
k l m n o p q r s
t u v w x y z

Lettres italiques majuscules et minuscules.

A B C D E F G H I
a b c d e f g h i
J K L M N O P Q R
j k l m n o p q r
S T U V W X Y Z
s t u v w x y z

Lettres anglaises majuscules et minuscules.

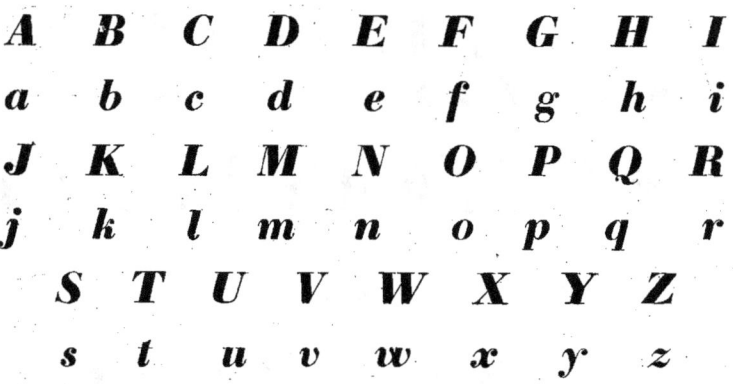

Voyelles.

A E É È I O U Y

a e é è i o u y â ê î ô û

Consonnes.

B C D F G H J K L M N P Q R S T V W X Z

b c d f g h j k l m n p q r s t v w x z

Exercices.

t l b d f i k m c h a
e g j p o r s t x z v

---

ba da fa ga ma la ra
sa de fe re le me ne
he se te ve mi bi ci di
ri fi gi hi ki xi bo co
ro do mo no lo so vo
jo lu mu ru hu su vu tu

---

fla glo bri gri cro blu fro bra
gra pri gro cla sta tra sti tri glu
tro sto flu stu cru dra smo dru
dri sma dro smi cra cso bru pla

pa-pa a-mi da-me ro-be lu-ne cu-ve ra-ve bi-le
li-me mi-di ma-ri ca-ve ri-ve so-fa ga-ze po-li
jo-li ra-re fi-ni ly-re vu-e vi-e mu-le â-ne ri-de
la-me mo-de fi-xe mi-ne bo-a cu-re tu-be to-me
ju-pe ri-re li-re no-te a-me a-mi-e pa-na-de
fi-gu-re tu-li-pe sa-la-de na-ri-ne sa-me-di fa-ri-ne
na-vi-re pa-ro-le pe-lo-te ma-la-de ma-da-me
ca-ra-fe to-pa-ze pe-lu-re bo-bi-ne le-vu-re i-do-le
na-tu-re so-li-de re-di-re

**Do-ré No-té Zé-lé A-mè-re Mo-dé-ré É-ga-li-té
A-mi-ti-é La-mè-re La-bê-te Le-rê-ve Le-pè-re
Le-zè-le L'é-pi-ne La-tê-te Co-lè-re Lé-gu-me
Mo-dè-le Ca-na-pé Dé-pu-té La-vi-pè-re Ar-ba-lè-te
Le-ca-rê-me Le-re-mè-de Le-mé-lè-ze É-co-no-me
Dé-fi-gu-ré Ri-di-cu-le I-na-ni-mé**

**Ver Ver-re Fer El-le A-mer Fi-er Jet-te Ap-pel
Ser-re Il-fer-re Bel-le Fer-me Il-er-re Mi-et-te
Er-mi-te Li-ber-té Pi-er-re Li-er-re La-mi-et-te
La-ru-el-le Il-jet-te Es-pa-ce Ap-pel-le Ef-fa-ce
El-le-fi-le Re-jet-te Re-bel-le É-ter-nel**

Bâ-le Pâ-te Il-a Je-la-ve Hâ-ti-ve Il-s'é-ga-re Vi-te
Ti-mi-de A-bî-me J'é-vi-te U-ne-bal-le Le-dî-né
I-mi-te La-cô-te O-te Jé-rô-me La-co-mè-te Mû-re
U-ne-ro-be Ma-no-te La-mû-re Sû-re La-cu-ve
Va-li-de Il-a-dî-né Il-é-vi-ta U-ne-li-me Fi-Jé-rô-me
Je-me-hâ-te Il-a-bat-tu Fa-ça-de En-de-ça Fa-ce
Il-a-re-çu Ra-ci-ne Ma-li-ce Mé-de-ci-ne Cy-nis-me
Hi-ver L'hi-ver Hu-mi-di-té L'hu-mi-li-té Hi-è-ne
L'ha-bi-tu-de La-hi-è-ne La-hu-re Re-cu-le Ar-ca-de

I-ma-ge Le-ju-ge L'o-ra-ge A-gi-le I-so-lé É-li-se
La-gê-ne Sa-ges-se L'é-ta-ge Ti-sa-ne Me-su-re
La-ro-se Jo-su-é Vi-sa-ge L'u-sa-ge So-li-tu-de
Ri-go-le La-fi-gu-re Il-na-ge Le-mé-na-ge Ce-ri-se
Gym-na-se L'hé-ri-ta-ge Sur-la-ca-ge Il-i-ma-gi-na
J'ai-cou-ru Mai-re Sa-lai-re J'ai-ai-mé-le-jeu Au-be
Pè-re-et-mè-re J'ai-lu-et-re-lu Pi-er-re-est-sa-ge
La-vei-ne La-pei-ne An-ge Jau-ne Il-est-au-jar-din
Jam-be Ram-pe L'em-bal-la-ge Em-blè-me

Chiffres romains et arabes.

I	II	III	IV	V	VI	VII	VIII	IX	X
0	1	2	3	4	5	6	7	8	9	10
Zéro	un	deux	trois	quatre	cinq	six	sept	huit	neuf	dix

L	C	D	M
50	100	500	1000
cinquante	cent	cinq cents	mille

DEUX CONVERSATIONS.

Par une belle matinée de printemps, je me trouvai en face de deux chemins; l'un conduisait à l'école du village, l'autre s'enfonçait dans la forêt. J'allais prendre cette dernière route, lorsque j'entendis la conversation suivante, engagée entre deux petits garçons :
— Bonjour, Charles.
— Bonjour, Michel.
— Où vas-tu?
— A l'école.
— Ah! c'est si ennuyeux l'école, on vous force à étudier! — Viens, Charles, nous irons nous amuser dans la forêt! tu verras comme on y est bien.
— Ce soir, Michel; à présent il faut que j'aille travailler.
— Vas-y si tu veux, moi je vais jouer. Adieu.

Vingt ans après, je me trouvais dans le même village. C'était en hiver, il gelait. Un homme pâle et en haillons vint frapper à la porte de l'instituteur. — Ce dernier ouvrit aussitôt.
— Que désirez-vous, mon ami? dit-il avec bonté.
— Ayez pitié de moi, Monsieur, donnez-moi du travail, je ferai ce que vous voudrez, je balaierai la classe, j'entretiendrai les poêles, ne repoussez pas ma prière.
— Ne seriez-vous pas capable de faire autre chose?
— Non, Monsieur.
— Pourquoi?
— Je n'ai jamais rien appris.
— Comment vous appelez-vous?
— Je m'appelle Michel.
— Il fait froid dehors, Michel, si nous entrions; on est mieux

dans une chambre. — Ne voudriez-vous pas rattraper le temps perdu?

Ils entrèrent, la porte se referma sur eux.

Le mendiant ignorait encore qui était l'instituteur, — mais toi, lecteur, ne l'as-tu pas deviné?

LA PETITE SOURIS.

La petite Jeanne et sa maman se rendaient un matin sur une colline afin de voir le lever du soleil. On était en automne. Les blés avaient disparu et étaient recueillis dans les greniers. L'air était frais et pur. Jeanne et sa maman hâtaient le pas pour ne pas manquer le beau spectacle qui les attendait. Mais la petite fille tire tout à coup la robe de sa mère, et lui dit tout bas: Arrête, arrête, regarde là-bas. La mère regarde et aperçoit dans une ornière deux souris. L'une était vieille et aveugle, elle ne bougeait pas; l'autre, gentil petit animal doué d'une agilité extraordinaire, courait de tous côtés, ramassant un grain de blé ici, un grain d'orge là. Puis, lorsqu'elle avait un petit tas, elle l'apportait à la vieille, qui mangeait avec avidité. Pendant que cette dernière se régalait, l'autre continuait les recherches. — Jeanne et sa maman suivaient des yeux tous les mouvements de ces deux animaux, et se gardaient bien de bouger, de peur de les effrayer. Au bout de quelques minutes, la vieille souris parut rassasiée. La plus jeune, alors, la prit par l'oreille avec les dents et la conduisit avec précaution vers un trou dans lequel elles disparurent. C'était si gentil! s'écria Jeanne en battant des mains. — En effet, dit la mère avec émotion, c'était bien gentil, mais aussi quelle leçon pour nous! La souris aveugle est sans doute la mère de la petite: que serait-elle devenue, vieille et infirme comme elle est, si sa fille ne se montrait reconnaissante pour tout l'amour que sa mère lui a témoigné en veillant sur sa jeunesse ? Cette souris pourrait faire rougir de honte bien des petites filles qui n'oublient que trop tôt, hélas! les nuits sans sommeil, les fatigues, en un mot toutes les peines que leurs mères ont eues avec elles pendant qu'elles étaient petites. Si toutes ressemblaient à la petite souris, si elles voulaient se montrer reconnaissantes, comme elles seraient sages! Jeanne, qui ne l'est pas toujours, embrasse sa maman et lui dit : Tu n'auras plus à te plaindre de moi, ma chère maman, je t'assure que je n'oublierai jamais la petite souris. Dieu le veuille! mon enfant. Maintenant marchons. Mais! le soleil est déjà haut . . . . alors retournons à la maison, ce sera pour demain.

LES ROSES.

Les leçons venaient d'être terminées. — Toutes les petites filles qui fréquentaient l'école tenaient conseil pour savoir par quel moyen elles pourraient témoigner leur reconnaissance à leur bonne institutrice, Mlle Lebrun, dont c'était le lendemain le jour de naissance. — Elles se disaient l'une à l'autre les cadeaux qu'elles voulaient lui faire. La petite Anna, seule, se tenait à l'écart et pleurait. Ses parents étaient très-pauvres, ils ne pouvaient lui donner de l'argent comme ceux de ses compagnes pour acheter quelque chose à l'institutrice. C'était bien pénible pour elle d'arriver les mains vides, car elle aimait Mlle Lebrun de tout son cœur. Elle s'en alla donc tristement. — De retour chez elle, elle vint, comme de coutume, voir son rosier, superbe arbuste, qu'elle avait elle-même planté, et qui, quoiqu'on fût en hiver, était couvert de fleurs. — Tout à coup, une idée lui vient, elle lève la tête, essuie ses larmes, et s'écrie toute joyeuse: Quel bonheur! j'ai trouvé! je donnerai quelque chose à

Mlle Lebrun, elle verra que je l'aime autant que mes autres camarades. Le lendemain, avant de partir pour l'école, Anna prend ses ciseaux, et coupe des roses jusqu'à ce qu'elle ait un beau bouquet. Le bouquet est très-joli, mais le rosier fait une triste figure. Anna le regarde un moment pensive, puis, se redressant : Tant pis, dit-elle, je dois me montrer reconnaissante pour toutes les bontés de Mlle Lebrun, et puis après tout, les roses repousseront. — Elle se rend à l'école, s'approche en rougissant de l'institutrice, et lui présente son bouquet en lui souhaitant beaucoup de bonheur.

O ma chère Anna, lui dit Mlle Lebrun, quelle joie tu me fais ! mais dis-moi d'où te viennent ces belles roses, les aurais-tu prises sur le rosier que tu aimes tant ? — Oui, Mademoiselle, c'était tout ce que je pouvais vous donner pour vous prouver mon affection et ma reconnaissance.

Mlle Lebrun, profondément émue, prit Anna, et lui dit en l'embrassant : Ton cadeau m'est le plus cher, mon enfant, parce que, pour me prouver ta gratitude, tu m'as donné ce que tu aimais le mieux. Anna pleurait de joie. A partir de ce jour, Mlle Lebrun, qui avait vu le bon cœur de cette petite fille, l'aima plus que ses compagnes.

L'AMOUR DE DIEU.

Le petit Édouard, assis aux pieds de sa maman, les mains jointes, écoutait attentivement ce que sa maman lui disait. Elle lui parlait de Dieu. C'est le bon Dieu, mon enfant, lui disait-elle, qui a fait tout ce que tu vois. Ces fleurs aux mille couleurs, ces arbres qui te donnent ces belles poires et ces belles pommes que tu aimes tant, tout cela est l'œuvre de Dieu. Il a placé la voûte du ciel au-dessus de toi; Il a créé le soleil, la lune et les étoiles; Il t'a donné ton père et ta mère; Il fait veiller ses anges auprès de toi pendant le jour et pendant la nuit pour te garder. Ne veux-tu pas lui témoigner un peu de reconnaissance pour tant de bontés? Ne veux-tu pas l'aimer? — Oh oui, maman, je veux l'aimer de tout mon cœur; je veux le remercier tous les soirs et tous les matins et le prier de me rendre bon et sage.

Quelques jours après, Édouard se promenait avec son père et deux de ses amis, dans une forêt. Les enfants, heureux de se trouver en liberté, couraient de tous côtés. A quelques pas de là était un énorme rocher. Édouard y grimpa, et arrivé au sommet, il se mit à battre des mains tout joyeux de voir son père et ses camarades bien au-dessous de lui. Le père, effrayé, lui commande de descendre; Édouard veut obéir, son pied glisse et il tombe. Le rocher à cet endroit était à pic. Le pauvre père pousse un cri et se précipite à l'endroit où Édouard a disparu. Mais quelle n'est pas sa joie! lorsque, croyant trouver son fils mort au pied du rocher, il voit qu'il est tombé dans un arbre, dont le feuillage l'a préservé. Il l'aide à descendre, puis retourne avec lui à la maison. Lorsque la mère apprit l'accident, elle dit à Édouard en l'embrassant: Vois, mon enfant, comme Dieu est bon, il a veillé sur toi pendant que tu tombais; il n'a pas voulu que tu te fisses du mal. Édouard remercia Dieu de l'avoir sauvé si miraculeusement et resta toujours un brave garçon.

Il n'oublia jamais le rocher, où l'amour de Dieu s'était montré d'une manière si frappante.

LE TONNEAU DE DIOGÈNE.

Il y avait en Grèce un homme sage, nommé Diogène, qui avait des idées singulières. Croyant que moins on serait ambitieux, plus on serait heureux, il se contentait pour toute demeure d'un tonneau !

Le roi Alexandre le Grand avait beaucoup entendu parler de cet homme ; mais comme il ne pouvait compter de le voir venir dans son palais, il se décida à aller vers lui. Lorsqu'il arriva avec toute sa suite, Diogène couché dans son tonneau se reposait au soleil. Le roi s'attendait à le voir se lever pour lui faire honneur ; mais celui-ci resta tranquillement couché. Après l'avoir observé pendant quelques minutes, Alexandre lui dit : Ton logement n'est pas très-joli, Diogène, et tu n'es pas très-bien vêtu, demande-moi une grâce ; si je le puis, je te l'accorderai. — Je n'ai besoin de rien, répondit le sage ; mais si tu veux me rendre un service, ôte-toi de mon soleil.

Le roi, voyant un homme si peu ambitieux, qui ne désirait ni vêtements somptueux, ni argent, ni aucune parure, s'écria : Si je n'étais Alexandre, je voudrais être Diogène.

L'ADMIRATION.

Qu'il est beau, ce soleil,
Dont l'éclat sans pareil
Répand sur notre terre
Sa puissante lumière !
Que la lune, à son tour,
Est belle après le jour,
Quand paisible elle avance
Et luit dans le silence !
Qu'ils sont beaux, dans les cieux,
Ces astres si nombreux,
Qui parent l'étendue,
Quand la nuit est venue !
Que le matin est beau,
Quand vient un jour nouveau,
Quand toute la nature
A repris sa parure !
Qu'il est grand ce bon Dieu,
Qui fait voir en tout lieu,
Avec tant d'abondance,
L'œuvre de sa puissance.

Artillerie.

Ane.

Arabe.

Arrosoir.

Autruche.

Bât — Canon — Caisson — Collier — Fusil — Longe — Mur — Oreilles
Pelle — Pot — Rateau — Sabre.

Bohémiens.

Berceau.

Barque.

Brouette.

Bison.

Charrette — Chien — Cornes — Couverture — Eau — Enfant — Feu
Marmite — Pipe — Poteau — Roue — Tambour.

Caravane.

Cuirassier.

Cerf.

Chasseur.

Chaumière.

Bottes — Casque — Chameau — Cheminée — Cors — Cuirasse — Fenêtre — Gibecière — Oiseau — Porte — Poussière — Turban.

Dompteur.

Donjon.

Douanier.

Dindon.

Dragon.

Cravache — Créneaux — Crinière — Griffes — Gueule — Képi — Lion
Mousqueton — Plumes — Poignard — Rocher — Tourelles.

Étable.

Épervier.

Éléphant.

Esquimaux.

Écolier.

Ailes — Bec — Casquette — Chèvre — Dard — Fourrure — Livre
Panier — Serpent — Trompe — Vache — Veau.

Ferme.

Faisan.

Fileuse.

Faucheur.

Fruits.

Arbre — Canard — Cheval — Cochon — Faux — Fermière — Moulin
Mouton — Poire — Pomme — Poulet — Raisin — Rouet.

Gendarmes.

Garde champêtre.

Grenadier.

Gazelle.

Grue.

Baïonnette — Blouse — Bonnet — Ceinturon — Chapeau — Étang
Maraudeur — Pattes — Sac — Sentinelle — Tunique — Voleur.

Hiver.

Herse.

Hussard.

Hibou.

Hyène.

Échelle — Étriers — Fouet — Hache — Niche — Ossements — Paysan
Ramoneur — Ruines — Scie — Selle — Traîneau.

Infanterie.

Indien.

Invalide.

Infirmier.

Ibis.

Baguettes — Bol — Cuillère — Épaulettes — Forêt — Jardin — Lit
Officier — Plumes — Shako — Tablier — Verre.

Jardin.

Jongleur.

Jockey.

Jocko.

Jaguar.

Bêche — Bonnet — Boules — Clocher — Cloches — Cymbales — Haie
Pattes — Puits — Sceau — Serres — Table.

Khan.

Kiosque.

Kakatoës.

Kanguroo.

Kalmouk.

Anon — Banc — Bonnet — Fruits — Gourde — Herbe — Huppe
Marches — Paniers — Pipe — Pistolet — Turban.

Laboureur.

Lancier.

Lion.

Laveuse.

Loup.

Aiguillon — Battoir — Bêche — Bœufs — Charrue — Corde — Crinière
Lance — Langue — Ligne — Linge — Neige.

Manége.

Moulin.

Matelot.

Moutons.

Mamelouk.

Ailes — Armes — Caronade — Collier — Cornes — Échelle — Escalier
Fouet — Mer — Parc — Tentes.

Naufrage.

Nid.

Nylgau.

Nourrice.

Navire.

Arbuste — Barrique — Chaise — Cordages — Mâts — Nourrisson
Oiseau — Square — Vagues — Vaisseau — Ver — Vergues.

Orchestre.

Oie.

Obusier.

Ours.

Officier.

Affût — Aiguillettes — Archet — Chaise — Cou — Gabion — Obus
Plumet — Pupitre — Selle — Tente — Violon.

Patineurs.

Pompier.

Porc.

Poules.

Quilles.

Cache-nez — Casque — Étable — Glace — Groin — Manchon — Oreilles
Patin — Pompe — Poulailler — Sceau — Traîneau.

Redoute.

Renard.

Rhinocéros.

Renne.

Ruche.

Abeilles — Baïonnette — Corne — Culasse — Mur — Museau — Paille
Queue — Roue — Sentinelle — Soldat — Toit.

Saltimbanque.

Spahis.

Sanglier.

Sentinelle.

Singe.

Boutoir — Capote — Ceinturon — Grosse-Caisse — Guêtres — Musiciens
Pierrot — Sac — Selle — Soies — Tambour — Trombone.

Tirailleurs.

Tapir.

Tigre.

Trompette.

Unau.

Calotte — Dolman — Giberne — Griffes — Hussard — Oreilles — Pattes
Rivière — Sabre — Trompe — Veste — Zouaves.

Vendanges.

Voltigeur.

Viaduc.

Vautour.

Vitrier.

Ailes — Arches — Chemin de fer — Gouttière — Griffes — Hotte — Sabots
Sceau — Tonneau — Tunique — Verre — Vigne.

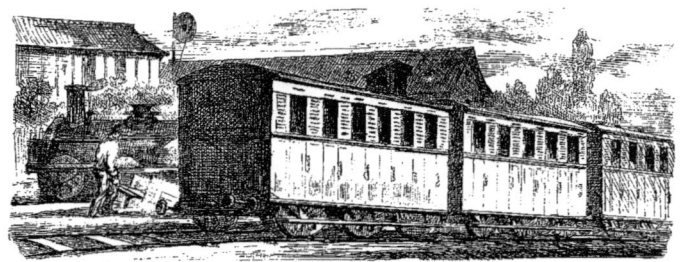

Wagons.

Xyloglyphe.

Zèbre.

Yack.

Zouave.

Bidon — Cheminée — Cornes — Garrot — Loupe — Naseaux — Poils
Raies — Rails — Roues — Sabots — Tabouret.

www.ingramcontent.com/pod-product-compliance
Lightning Source LLC
LaVergne TN
LVHW022144080426
835511LV00008B/1251